Under hvidtjørnen

Andre bøger af Pia Valentin Sørensen

Tilnærmelsesvis fraværende
Lyrik
Books on Demand, 2008

117 zoologiske senryu
Lyrik
Forlaget Ravnerock, 2010

Tilstødende lokaler
Kortprosa
Forlaget Ravnerock, 2014

Haiku for skoleelever (med Hanne Hansen)
Undervisningsbog
Forlaget Ravnerock, 2017

Haikument
Poetry
BoD - Books on Demand, 2024

Pia Valentin Sørensen

Under hvidtjørnen

112 haiku

Omslag og layout: Pia Valentin Sørensen

1. Udgave 1. Oplag

Forlag: BoD · Books on Demand GmbH,

In de Tarpen 42, 22848 Norderstedt, Tyskland

Tryk: Libri Plureos GmbH, Friedensallee 273,

22763 Hamborg, Tyskland

ISBN: 978-87-4305-978-3

Forår

Sommer

Efterår

Vinter

Forår

verden vokser ud
af alle sine hjørner
spirende forår

grøde i luften
gråspurvene i hækken
er i godt humør

marts serverer hagl
garneret med snevejr og
islag til dessert

det er forårsvejr
alle bliver så glade
og forkølede

en tidlig morgen
græsset græder i solen
dug på dit øje

diset forårssol
står lavt over tagene
jeg står på tæer

solrig aprildag
violer på stengærdet
duften af forår

små hvide blomster
holder fest på græsplænen
tusindfryder sig

vild pasodoble
i luften over engen
viberne danser

en lærke synger
duften af vilde blomster
på min barndoms eng

åben altandør
duften af nyslået græs
er vidunderlig

en væver vipstjert
bygger rede under blomst
i altankasse

blade springer ud
vinden i trækronerne
kan atter høres

en bevægelse
gennem træernes blade
skovens åndedræt

i bøgeskoven
de første anemoner
nikker i vinden

skovbunden lyser
under alt og overalt
anemonerne

den vandrende lind
står hvor den har stået i
to hundrede år

knopperne venter
blot én solskinsdag mere
farveeksplosion

regndråbe gynger
på en grangren i vinden
slipper med et svup

vinden danser med
rosa gyldne skyer på
pletvis blå himmel

to musvågers dans
silhuetter mod himlen
svæver i cirkler

kraftig forårsvind
fører duften af blomster
og blodregn med sig

et barndomsminde
min hund og mig i hulen
under hvidtjørnen

plukker i haven
pangfarver til min palet
ti tulipaner

brumbasser summer
ivrigt omkring de sidste
kirsebærblomster

kirsebærtræet
slipper de hvide blomster
drysser som snevejr

på kirkegården
duften af forglemmigej
overvælder mig

venlig mand med hund
vi beundrer blomsterne
sammen hver for sig

Sommer

blå himmel mellem
solnedgang og solopgang
de lyse nætter

en juni morgen
lyden af gøgens kukken
midt i byens larm

årets længste dag
mine tanker kredser om
tidens flygtighed

midsommernatten
mosekonen brygger på
duften af brændt kvas

landskabet tørster
den første sommerregn er
ventet med længsel

hestene vender
deres ender mod vinden
det heldagsregner

to egernunger
hopper ubekymret rundt
i kastanjens top

dagslyset skifter
fuglene bliver stille
solformørkelse

svirren i luften
over søens stille vand
flyver en guldsmed

en summen bryder
stilheden over engen
en drone på tur

en varm sommereng
naturens blide favntag
flåterne venter

svalerne suser
over engen i høj fart
om kap med vinden

højrøde marker
valmuer danser yndigt
i sommervinden

mine græsøjne
græder over den smukke
grønne grøftekant

en flok gråspurve
holder fest på fortovet
flyvemyredag

en oldenborre
på vej hjem gennem natten
tung og træt som mig

solskin i parken
udrykning og flytrafik
solsorten synger

svanen på reden
kigger gennem sivene
overvåger mig

fiskemund bryder
skovsøens overflade
snapper en flue

en flok åkander
stimler sammen i søen
én springer ud

den sjoveste blomst
har sprængfyldte frøkapsler
kæmpe-balsamin

våger i natten
holder øjnene åbne
med tordenkaffe

en let sommerdrøm
min betula pendula
vågner under dig

min længsel er født
under de birketræer
der nu er borte

duftten af sommer
nyhøstede kornmarker
gult støv i luften

orkan i august
grønne blade flyver rundt
deres tid er slut

sensommersolen
strejfer de høje stauder
bladene blegner

jeg samler på dem
de gode øjeblikke
hvert og et tæller

Efterår

en gylden morgen
solen kysser trætoppe
jeg drikker kaffe

af alle planter
elsker jeg træerne mest
de er tidens tegn

på kirkegården
sommerregn i september
tiden forsvinder

frygtløs regndråbe
på vej fra himmel til jord
lander på min kind

i skulpturhaven
mærkes ensomheden knapt
selv sten har varme

lysende perler
på de matgrønne træer
røde rønnebær

havtorn og ildtorn
gror side om side i
den gamle kalkgrav

pippen i mosen
en grønbenet rørhøne
kalder på magen

løvfaldssommeren
på kanten af oktober
varsler nyt klima

efterårssolen
sender tankerne på flugt
som trækfuglene

dagen er lettet
som en vingeskudt fasan
lavt over marken

blankbrune marker
en flok af måger kredser
i duften af muld

tågen udenfor
kryber ind under huden
tåget indenfor

kulden driver dug
ned ad mine vinduer
jeg blinker den væk

guldøje kigger
efter et vinterlogi
i min vindueskarm

nu tænder lyset
dit græskarøje blinker
allehelgensnat

en dyb indånding
første dag i november
duften af vinter

kikkert for øjet
Jupiters måner danser
eller jeg ryster

selv i stille vejr
blæser det på min gade
jeg flyver af sted

den ruskende vind
kaster grus i mit ansigt
føler mig sandblæst

forrevne skyer
haster afsted i natten
afslører nordlys

de store træer
står helt nøgne tilbage
efter stormvejret

det matte solskin
visker langsomt farver ud
alt er gråt i gråt

bærrene er væk
med dem alle fuglene
træet står ensomt

byens vilde dyr
deler byggepladserne
med lysgiraffer

i Dyrehaven
står en sikahjort og ser
helt ind i min sjæl

en ravns hæse kald
den sorte silhuet mod
efterårshimlen

nat på bakketop
ansigter vendt mod himlen
vi ser kometen

Vinter

fuldmånen og Mars
over snehvide graner
december morgen

fuldmånens cyklus
rammer mig med endnu en
tidevandsbølge

dit blege ansigt
et lys i nattemørket
min længsel og trøst

tværs over himlen
en stor meteor redder
min søvnløse nat

et løfte om lys
gryer i horisonten
ved vintersolhverv

syn fra min stue
kirkegården julenat
lys på gravene

årets første dag
er fyldt med bekymringer
men også med håb

årets første sne
få fnug fra solskinshimmel
en musvit kvidrer

istapper taber
kampen mod januars tø
styrter i døden

mørket holder fast
i skyggen ligger håbet
og venter på lys

nat på altanen
ugler tuder i kor om
krig og kærlighed

nu krammer mørket
sine vinter elskende
i et koldt favntag

knitrende nætter
under Orions bælte
rimfrost i græsset

kulden vækker mig
en glødende solopgang
varmer min himmel

vinteren strenges
hver morgen vågner byen
atter klædt i hvidt

spor fra nattens dyr
historiefortælling
i nyfalden sne

storm i februar
jager snedriver på flugt
hen over vejen

svaner og blishøns
deler nødtvunget vågen
i den frosne sø

i genboens træ
en stor flok silkehaler
leder efter bær

lille gråvejrsfugl
venter tålmodigt på sol
pipper tøvende

genskin på skyer
sneen lyser byen op
en tusmørkenat

nattefrostens bid
brænder stadig på hånden
under min dyne

vinterblå himmel
solen hænger lavt over
et spejl på marken

sneen fordamper
landskabet pakker sig ind
i tågetæppet

regnfuld vinterdag
spurvene holder gilde
i en tjørnebusk

vinteren ender
da lysets tøven ikke
venter på nogen

stadig på himlen
vikingstjernebilledet
hjorten Duraþrór

galaksens stjerner
lever og dør som vanligt
jeg er så lille